Les dinosaures

Texte de Stéphanie Ledu
Illustrations d'Éric Gasté

MiLAN

Voici la Terre il y a **220 millions d'années**.
Il fait chaud et sec.

Des animaux que tu connais sont déjà là,
mais l'herbe et les fleurs n'existent pas.
Qui règne sur ce monde ? Les dinosaures...

Lentement, le climat change : il pleut beaucoup et de grands arbres poussent. Les dinosaures mangeurs de feuilles deviennent nombreux. Ils sont immenses, comme le diplodocus ou le séismosaure, le plus long animal de tous les temps !

Les **troupeaux d'herbivores** se déplacent sans cesse. Ils ont tout le temps faim : un diplodocus mange chaque jour 1 000 kilos de branchages.

Gare à l'allosaure... Ce terrible carnivore se cache
et attend qu'un diplodocus s'éloigne du groupe.

Puis il attaque, griffes en avant. Le géant se défend :
avec sa queue, clac ! il donne un grand coup
de fouet à son ennemi.

Voici d'autres dinosaures de la même époque.
Avec ses plaques, le **stégosaure** se chauffe
au soleil. L'énorme **brachiosaure** broute
des arbres hauts comme 4 étages.

À côté de lui, voici un **compsognathus**, l'un des plus petits dinosaures connus. Il n'est pas plus gros qu'un poulet...

Ces étranges animaux ne sont pas des dinosaures.
Le ptérodactyle et le ptérodaustro au long bec
sont des reptiles volants, avec des ailes de peau,
comme les chauves-souris.

Dans la mer vivent de redoutables reptiles
marins : les ichtyosaures et le liopleurodon,
qui est aussi grand qu'une baleine.

Des millions d'années plus tard, de nouveaux dinosaures apparaissent. Le **tyrannosaure** est le plus dangereux.

Pour se défendre, l'ankylosaure a une queue-massue,
le tricératops des cornes pointues...

Face au danger, d'autres préfèrent s'enfuir.
Ces **struthiomimus** attaqués par des **troodons**
battent des records de vitesse !

23

Comme tous les dinosaures, les **maiasaures** pondent des œufs. Chaque année, les femelles reviennent au même endroit pour élever leurs bébés.

À côté de leur maman,
ils sont vraiment minuscules...

Il y a 65 millions d'années, une énorme météorite est tombée sur la Terre. La poussière causée par le choc a caché le soleil pendant des mois.

Les plantes ont péri. Les dinosaures herbivores
sont morts de faim, bientôt suivis par les carnivores...
Fin des dinosaures !

DIPLODOCUS

Les os de nombreux dinosaures ont été conservés dans le sol. Quand les **paléontologues** retrouvent un squelette, ils l'étudient, puis réalisent un moulage qui est exposé au musée. Grrr... Même pas peur !

Découvre tous les titres
de la collection

Mes P'tits DOCS

À table !
Au bureau
Les bateaux
Le bébé
Le bricolage
Les camions
Le chantier
Les châteaux forts